DE L'ESPRIT

DU

DROIT PUBLIC

SOUS LE CONSULAT ET L'EMPIRE

PAR

ALFRED DES CILLEULS

MEMBRE TITULAIRE DU COMITÉ DES TRAVAUX HISTORIQUES
DE LA SOCIÉTÉ D'ÉCONOMIE POLITIQUE
DU CONSEIL DE LA SOCIÉTÉ D'ÉCONOMIE SOCIALE
LAURÉAT DE L'INSTITUT

PARIS

ALPHONSE PICARD ET FILS, ÉDITEURS
82, RUE BONAPARTE, 82

—

1896

DE L'ESPRIT

DU

DROIT PUBLIC

SOUS LE CONSULAT ET L'EMPIRE

PAR

ALFRED DES CILLEULS

MEMBRE TITULAIRE DU COMITÉ DES TRAVAUX HISTORIQUES
DE LA SOCIÉTÉ D'ÉCONOMIE POLITIQUE
DU CONSEIL DE LA SOCIÉTÉ D'ÉCONOMIE SOCIALE
LAURÉAT DE L'INSTITUT

PARIS

ALPHONSE PICARD ET FILS, ÉDITEURS

82, RUE BONAPARTE, 82

—

1896

EXTRAIT DU COMPTE RENDU

De l'Académie des sciences morales et politiques

(INSTITUT DE FRANCE)

Par MM. Henry VERGÉ et P. de BOUTAREL

Sous la direction de M. le Secrétaire perpétuel de l'Académie

des dispositions à consacrer, on se flattait de l'espoir que tout s'accomplirait, d'une façon correcte, au sein du Parlement, et que les votes à intervenir aboutiraient à quelque compromis, entre les partisans d'un ordre stable et les amis d'une sage liberté. Dans l'intention commune, l'appareil déployé, en dehors de l'enceinte législative, devait sauvegarder l'indépendance des députés et, à peine, contenir la fougue des récalcitrants.

Mais, le 19 brumaire, les choses prirent une autre tournure, d'après les instructions calculées de Bonaparte (1), dont l'impatience et les alarmes firent brusquer les choses et dégénérer en dictature militaire le gouvernement libéral et civil qu'on croyait fonder. Au lieu de délibérer, avec calme et réflexion, les Conseils se trouvèrent contraints d'agir en tumulte et avec précipitation. Ils commencèrent par exclure de leurs rangs 72 députés ; ensuite, ils abdiquèrent leurs pouvoirs, entre les mains de deux *Commissions intermédiaires ;* à son tour, chaque commission se partagea en plusieurs sections, dont l'une reçut mandat de préparer la constitution qui devait être substituée à celle du 5 fructidor an 3.

Toutefois, la délégation donnée, par les Conseils, n'était pas pure et simple ; on avait stipulé que, dans l'œuvre nouvelle, les maximes essentielles du droit public resteraient debout : souveraineté du peuple, régime représentatif, division des pouvoirs, liberté, égalité, sûreté et propriété (2).

Quant au mécanisme constitutionnel, on n'en souffla pas mot : c'était sur cet objet, envisagé comme « réglementaire » (3), que, devaient, uniquement, porter les modifications à réaliser.

(1) *Mémorial de Sainte-Hélène.*
(2) Proclamation du 19 brumaire an VIII (art. 12).
(3) Discours de Lemercier, Cornudet, etc. (Séance du même jour, au Conseil des Anciens.)

La situation paraissait si grave, la nécessité d'y pourvoir si urgente qu'on désirait un lendemain, sans se prémunir contre les surprises qu'il pouvait ménager.

Les deux sections déléguées, en vue de libeller le nouveau pacte, loin de se mettre immédiatement à l'œuvre, attendirent des inspirations; d'après une assertion accréditée, Sieyès s'occupait d'un projet et, jusqu'au moment où l'on en aurait le texte complet, il sembla que toute réunion dût être différée.

Boulay de la Meurthe, membre de la section des Cinq-Cents, s'était offert comme intermédiaire, auprès de ses collègues.

Mais, Sieyès n'avait que des vues en tête et rien d'écrit; pendant dix jours, il dicta des notes, au nombre de 23, à Boulay de la Meurthe, après avoir jeté, personnellement, sur le papier, une sorte d'esquisse assez vague conservée par son collaborateur (1).

« Comment s'y prendre? Les moyens d'exécution existent. Il faut en revenir aux idées de 1789 », époque où « on voulait un ordre de choses » pouvant permettre le maintien « de tout ce qu'il y avait de bon, d'utile, à plus forte raison de nécessaire, dans la machine sociale alors existante. »

« Démocratie, continuait Sieyès, base du système représentatif et de l'établissement public. Le gouvernement élevé sur cette base est nécessairement représentatif *et ne doit pas ressembler à cette base;* régime représentatif n'est pas seulement nécessité par l'étendue du territoire et le nombre des habitants. »

Tout le labeur déployé, pendant dix jours, tendit à préciser et mettre en relief ces réflexions. A mesure qu'il avançait, dans le développement de ses idées, Sieyès se sentait plus épris de la beauté de son œuvre, semblable à un

---

(1) **Boulay de la Meurthe,** *op. cit.*

artiste de génie qui ne se lasse point de contempler la pureté des formes qu'il a tirées d'une matière brute. Tout d'abord, le projet devait être connu de Boulay de la Meurthe seul et remis, après achèvement, aux deux sections; mais, l'enthousiasme de l'auteur déborda si largement que l'économie du système, bientôt colportée un peu partout, arriva jusqu'aux oreilles de Bonaparte.

Celui-ci avait eu l'habileté de rester dans une apparente inertie, laissant à Sieyès le péril de l'initiative et se réservant, l'heure venue, de combattre, avec vigueur, ce qui lui déplairait; en effet, lorsqu'il eut scruté du regard le mode d'organisation constitutionnelle en perspective, le premier Consul fit paraître un mécontentement très vif, blâmant ceci, condamnant cela; Sieyès, toujours en extase, devant la perfection du mécanisme qu'il avait tracé, fut saisi de stupeur, puis de colère; un violent colloque eut lieu, entre lui et son antagoniste, l'un accusant le général de ressusciter la royauté, par la prétention de s'ingérer dans la direction du gouvernement, l'autre reprochant à son interlocuteur d'être un aristocrate et d'attenter à la souveraineté du peuple (1). Le conflit devenait aigu; mais, grâce aux sages représentations de Talleyrand, Rœderer et Boulay de la Meurthe, un rapprochement put être ménagé, entre les deux collègues: il n'était que temps d'obtenir ce résultat; tandis que Sieyès annonçait son parti de prendre l'opinion publique pour juge, Bonaparte menaçait de convoquer les Assemblées primaires et de leur faire voter une constitution suivant ses vues. On transigea: Sieyès reçut la satisfaction de voir son projet communiqué aux deux sous-comités législatifs, et Bonaparte s'assura l'avantage plus sérieux de faire tenir, chez lui, les séances où s'engagerait la discussion; Daunou fut choisi, pour rédiger les articles adoptés; et, après des débats prolongés, mais peu imposants, eu égard au nombre restreint des

(1) Boulay de la Meurthe, *op. cit.*

personnes présentes, le texte définitif sorti des conférences, entre les trois Consuls et les deux sections, revint aux Commissions des vingt-cinq ; celles-ci se hâtèrent de ratifier ce qui avait été fait, trop heureuses, pensaient-elles, d'échapper à une tyrannie qu'on envisageait, parmi les éventualités probables, avec l'ascendant rapide que prenait le vainqueur d'Italie et d'Egypte, ainsi qu'on aurait dû s'y attendre ; car Bonaparte n'avait pas été employé comme un instrument que la main rejette, après s'en être servi ; le choix des Conseils s'était porté sur lui, parce que les circonstances et un courant d'opinion le désignaient pour occuper la première place, à la tête de la République ; du reste, les sentiments qu'inspirait sa personne n'avaient point pour cause le prestige qu'exerce le caractère ou la vertu, malgré les belles pages de Montesquieu sur les qualités qu'il faut le plus honorer, dans une société démocratique. Mais, le principal détenteur du pouvoir avait su donner à son nom une renommée assez éclatante pour faire perdre de vue, par la foule enthousiaste, les défaillances morales de l'homme ; telle une brillante lumière couvre les taches du foyer en incandescence et fascine les yeux du spectateur.

Dans ces conditions, recourir à Bonaparte, pour se défendre et, au besoin, frapper un coup de force, c'était reconnaître la nécessité absolue de son bras, de son appui, et, par un aveu d'impuissance, favoriser un nouvel élan de son ambition.

A la vérité, lorsqu'il harangua le Conseil des Anciens, dans la journée du 19 brumaire, le héros promit qu'aussitôt sa mission temporaire remplie, son intention était de rentrer dans la vie privée ; assurément, nul n'ajouta foi, un instant, à de telles paroles et n'eut même le désir d'y croire ; mais, on fondait des espérances sur l'adjonction de Sieyès au général, pour exercer le Consulat. Or, l'ex-Constituant se compromit, bientôt, par son concours officiel à des mesures qui, à les supposer inévitables, n'en étaient pas moins dictatoriales.

Le nouveau pouvoir exécutif avait été investi, notamment, du soin « de rétablir la tranquillité intérieure » (1) ; par une terrible induction, il s'arrogea la prérogative exorbitante de condamner à l'exil ou à l'internement 56 députés et autres citoyens (2) ; six jours après, il prononçait la suspension et l'internement de ce courageux président du Tribunal d'Auxerre, qui avait refusé l'enregistrement d'un numéro du *Bulletin des lois* contenant les actes destructifs de la Constitution et de l'inviolabilité des représentants ; bien plus, le magistrat inculpé était « dessaisi du droit de propriété » (3).

Cela n'empêcha point Cabanis d'écrire que « les journées du 18 et 19 brumaire » n'avaient « point eu pour objet d'établir la domination de quelques hommes ou d'un parti, mais d'écarter les obstacles qui s'opposaient à l'organisation complète et solide d'un gouvernement capable de protéger, efficacement, les citoyens, *sans pouvoir, jamais, attenter à la liberté publique* » (4). Il protestait contre les personnes, « assez malheureuses pour ne voir, dans les actions humaines, que des vues coupables ou viles » et qui avaient attribué « à certaines ambitions personnelles » la cause du coup d'Etat. Nonobstant ce témoignage plein de candeur, les choses n'étaient plus entières, lorsque Sieyès présenta son projet de constitution : la situation provisoire, à laquelle il avait prêté les mains, s'affermissait chaque jour ; à côté des débris de l'autorité législative, le gouvernement jouissait d'une latitude d'action que rien n'entravait : comment était-il possible de croire qu'une fois élevé sur le pavoi et entouré

(1) Décret du 19 brumaire an VIII (art. 3).

(2) Arrêté consulaire du 20 brumaire.

(3) Arrêté consulaire du 26 brumaire notifié le 29 ; les scellés furent apposés et le directeur des domaines « saisit les droits de propriété ». (*Moniteur* du 6 frimaire).

(4) *Quelques considérations sur l'organisation sociale, en général, et particulièrement sur la nouvelle Constitution* (25 frimaire an VIII).

de ses compagnons d'armes, Bonaparte ferait céder le principe de la force devant la force des principes ?

Les conséquences des faits accomplis étaient inéluctables, et elles n'échappèrent pas aux douze législateurs chargés, par procuration, d'étudier et d'établir les bases de la constitution ; il fallait, avant tout, désintéresser Bonaparte, afin de ne pas le rencontrer comme adversaire, dans l'ensemble des règles à introduire. Avec son intelligence vive et perspicace, le premier Consul fit trois parts du projet de Sieyès : il rejeta ce qui lui portait ombrage, accepta ce qui pouvait le servir et souffrit, momentanément, ce qu'il lui était difficile de repousser, dores et déjà, sans révéler sa pensée de derrière la tête.

C'est ainsi que furent écartées les dispositions concernant :

1° Le grand Électeur, chef nominal de l'État, ayant pour seuls attributs la nomination et la révocation des deux Consuls, la représentation du pays au dehors, mais étranger lui-même à toute direction des affaires publiques et pouvant être *absorbé* par le Sénat, si, malgré les précautions prises pour l'annihiler, sa popularité ou son attitude causait des appréhensions ;

2° Les deux Consuls investis, l'un du gouvernement intérieur, l'autre des relations extérieures, chacun possédant des ministres et un Conseil d'État ;

3° L'initiative des lois conférée au Tribunat.

Quoiqu'il eût peu de goût pour ce dernier corps, comme on le vit par la suite, Bonaparte dut le subir avec ses prérogatives, savoir : examen et discussion de tous les projets de lois, émission de vœux sur les réformes législatives ou administratives.

Par contre, le premier Consul fit bon accueil à l'institution que Sieyès dénommait *Collège des conservateurs*, titre changé en celui de *Sénat conservateur.*

Lucien Bonaparte tenta une vive opposition à l'établissement de ce rouage constitutionnel, destiné, d'après lui, à devenir « un nid de conspirateurs (1) ». Il ne se trompait que sur le sens du courant d'idées qui entraînerait les futurs conjurés ; son frère, plus avisé, comprit sans peine tout le parti qu'on pouvait tirer de ces importants auxiliaires, à condition d'en surveiller le choix : un article de la constitution y pourvut. Les deuxième et troisième Consuls provisoires et définitifs dressèrent la liste de la majorité des sénateurs, ainsi acquise à l'ordre de choses récemment fondé.

Puis, au lieu de réserver au Sénat l'absorption facultative de l'homme revêtu de la première magistrature du pays, on l'effectua, sur-le-champ, dans la personne, non plus de Bonaparte, contre qui elle avait été préméditée, mais de Sieyès, par qui elle avait été imaginée.

Si le premier Consul ne se résignait que contraint et forcé à admettre le Tribunat, c'est qu'il n'aimait point les discussions publiques ou bruyantes ; sous ce rapport, le projet de Sieyès répondait merveilleusement aux désirs de son collègue, en restreignant le rôle du *Jury législatif* et celui du corps électoral.

Du principe qne la Chambre appelée à statuer sur « les actes imposant obligation aux citoyens » faisait l'office de juges, Sieyès inféra qu'elle ne devait ni se saisir elle-même, ni manifester les opinions individuelles de ses membres : de là *le Corps législatif muet.*

Quant à la composition, au fonctionnement et à l'action des collèges électoraux, l'économie en dérivait d'idées assez incohérentes : « L'autorité doit toujours venir d'en haut ; le pouvoir souverain réside dans le peuple représenté ; le simple électeur ne peut représenter que lui-même et non ses semblables : il a donc, *encore moins,* le droit de conférer une autorité, au nom du peuple. »

De ces prémisses, Sieyès conclut que l'organisation de la

(1) Boulay de la Meurthe, *op. cit.*

souveraineté du peuple devient d'autant plus solide qu'elle est le produit d'une série de sélections qui éliminent, peu à peu, l'influence directe de la masse des citoyens ; il forma donc des *listes de confiance*, non pas pour décimer les électeurs, mais pour les réduire au dixième, puis au centième et, enfin, au millième ; après ces trois épurations successives, on n'arrivait encore qu'à dresser un tableau *d'éligibilité* pour la représentation nationale ; les blutages antérieurs ne servaient qu'à choisir les fonctionnaires et membres d'assemblées délibérantes d'une commune ou d'un département.

Ces savantes combinaisons étaient justifiées dans deux lemnes préliminaires déjà soumis à la Convention, lors des débats sur la constitution de l'an III (1) :

1° Nul ne doit être investi d'une fonction publique, s'il ne possède la confiance de ceux sur lesquels s'exercera son autorité ;

2° Nul ne doit être nommé fonctionnaire par ceux qui seront soumis à l'exercice de son pouvoir.

En 1789 et 1795, on avait admis des électeurs censitaires et à deux degrés ; mais, du moins, les uns et les autres pouvaient, à juste titre, être qualifiés de *citoyens actifs* ; en 1799, il ne resta plus, à vrai dire, que des *citoyens honoraires*, divisés en catégories hiérarchiques, afin de présenter humblement des *candidats recommandables*, pour occuper des fonctions nationales, départementales ou communales.

Certes, si, à la veille de la Révolution, un pareil plan avait été proposé, la monarchie en aurait payé bien cher le succès ; mais, de quels traits perçants n'eût-on point accablé l'inventeur ? Comment, alors, serait-il venu à la pensée qu'après dix ans d'application du nouveau droit public une combinaison de ce genre entrerait dans la loi constitutionnelle et que les moyens de réduire le peuple français à n'être *rien*,

____

(1) Séances des 2 et 14 thermidor an III ; les contradicteurs furent : Berlier, Louvet (de la Somme), La Réveillère-Lépaux, Thibaudeau.

dans l'État, émaneraient du libelliste fameux qui voulait qu'il fût *tout?*

On peut dire que, s'il n'avait pas bien mérité de la patrie, en l'an VIII, Sieyès avait bien mérité de Bonaparte ; celui-ci fit acquitter sa dette de reconnaissance par le pays ; une récompense nationale fut accordée (1) à l'homme qui, par l'enchaînement des circonstances, s'était trouvé conduit à seconder les desseins qu'il croyait traverser. Il est juste de dire, à sa décharge, que d'autres esprits fort distingués se montrèrent aussi peu clairvoyants, à l'égard des suites que devaient avoir, soit les événements du 19 brumaire, soit même les règles du statut politique qui en sortit. En réfutant les critiques et les appréhensions qu'avait fait naître la constitution du 22 frimaire an VIII, Cabanis, dont la dissertation fut imprimée par ordre de la Commission des Cinq-Cents et aux frais de l'État, déclarait « le gouvernement militaire *impossible,* quand les soldats sont tous tirés de la classe des citoyens » et que « les idées libres ont germé dans les têtes » ; néanmoins, à la lecture des épreuves de son opuscule, il mit en note : « J'écrivais ce paragraphe, il y a quinze jours (c'est-à-dire onze jours avant le vote du pacte fondamental) ; *il peut paraître aujourd'hui hors de propos ;* je le laisse cependant. »

Boulay de la Meurthe avait déployé le plus grand zèle, soit pour entraîner la coopération de ses collègues à un changement de la loi fondamentale, soit pour aplanir les difficultés, dans l'examen des dispositions nouvelles, ce qui lui valut d'être rapporteur de la section constitutionnelle à la Commission intermédiaire des Cinq-Cents. Ses yeux ne s'entr'ouvrirent qu'à la dernière heure ; il le confessa, plus tard, avec mélancolie : « Quand il fallut, dit-il, me faire le panégyriste de la constitution de l'an VIII et la présenter comme devant répondre à tous les besoins du pays, je l'avoue, un doute agita

(1) Loi du 1ᵉʳ nivôse an VIII.

mon esprit et je crus qu'il était sage de m'abstenir (1). »

Les mêmes scrupules ne retinrent pas Garat, interprète de ses collègues à la délégation du Conseil des Anciens. Pour lui, le succès de l'œuvre élaborée devait être principalement assuré par « cet homme extraordinaire... qui, dans le cours de ses destinées, ne rencontra des obstacles que pour obtenir des triomphes », et dont l'influence établirait « une limite et une barrière *devant le pouvoir exécutif* » ; « cette borne » offrirait « d'autant plus » de sûreté qu'elle ne serait pas « dans une Charte, mais dans le cœur et les passions d'un grand homme » (2).

Que devinrent ces espérances? C'est ce qu'il y a lieu d'examiner.

II

Dans la résolution, en forme de loi, du 19 brumaire, les deux Conseils, nous l'avons dit, avaient stipulé le maintien des principales règles du droit public en vigueur depuis 1789 (3). Au lieu de dresser une pompeuse nomenclature, comme en 1791, 1793 et 1795, il sembla plus pratique de faire des applications positives des principes à sauvegarder (4) ou d'en préciser les garanties expérimentales (5).

Mais, l'événement ne tarda point à prouver combien les précautions prises étaient vaines.

(1) *Op. cit.* Dans la séance du 21 frimaire (*Moniteur* du 22), Boulay de la Meurthe prononça la première partie de son discours, afin d'exposer la genèse des événements, depuis 1789 ; il y paraphrasait, notamment, les idées de Sieyès sur le but de la Révolution.

Le 22. il s'excusa, en invoquant des modifications dernières, de ne pouvoir continuer sa lecture : c'était, on le voit, une défaite.

(2) Discours du 28 frimaire ; *Moniteur* du 24.

(3) Art. 12 de la loi.

(4) Art. 76 à 84 de la Constitution du 22 frimaire an VIII.

(5) Titres 2 à 6 de la même Constitution.

L'une des maximes qu'on s'était promis de respecter, entre toutes, « la distinction et l'indépendance des pouvoirs », fut manifestement violée, le lendemain même du jour où les corps constitués entrèrent en activité.

Sieyès, dans son projet, avait dévolu au Conseil d'État quatre attributions :

1º Il en faisait « l'organe des besoins du gouvernement », auprès du pouvoir législatif ;

2º Il le chargeait de statuer sur les demandes des ministres en « interprétation ou confirmation d'un *ordre contesté* » ; c'était ce que l'auteur appelait un « jury *d'exécution* des lois » ;

3º Il lui remettait le soin de faire les *règlements*, qui, à ses yeux, ne commandaient qu'à des fonctionnaires, toute obligation imposée à de simples citoyens devant faire l'objet d'une loi ;

4º Il lui déférait, enfin, les réclamations contre les actes administratifs.

Ces quatre articles furent condensés en un seul paragraphe portant que le Conseil d'État rédigerait les projets de lois et règlements, puis résoudrait les difficultés qui s'élèvent, en matière administrative (1). Le texte, ainsi amendé, contredisait-il l'intention de Sieyès ? En aucune façon ; mais, son laconisme appelait un commentaire ; or, qui devait le donner du législateur ou du gouvernement ? Ce dernier avait-il qualité pour expliquer l'acte constitutionnel ? En tout cas, pouvait-il étendre une disposition, sous prétexte de l'exécuter ? L'affirmative fut embrassée sur les deux points. Un arrêté consulaire, organique du Conseil d'État, investit celui-ci de la prérogative de « développer le sens des lois (2) ».

Dans l'hypothèse où des troubles menaceraient la sûreté de

(1) Art. 52 de la Constitution du 22 frimaire an VIII.
(2) Règlement du 5 nivôse an VIII, art. 11.

l'État, le Corps législatif pouvait suspendre, pour un temps limité, l'exercice de la Constitution. N'appartenait-il pas, nécessairement, à la même autorité de définir les effets de la mesure ? Le régime exceptionnel à subir emportait-il la seule privation des garanties constitutionnelles ou, de plus, la mise *hors la loi*, de manière que les habitants des territoires désignés dûssent être traitées suivant le bon plaisir du gouvernement? C'est dans ce dernier sens que la question fut résolue (1) ; un général reçut, d'un simple arrêté consulaire, la puissance de « faire des règlements prononçant peine de mort » ; de « lever des contributions extraordinaires, sur des communes, cantons et départements » ; d'en assurer la perception, à l'aide des moyens « usités en pays ennemi » (2) ; les prévenus de délits ordinaires ou d'infractions aux ordres de l'autorité militaire étaient traduits devant une juridiction instituée par acte du pouvoir exécutif et dépouillés du droit d'appel ou de recours en cassation (3).

En dehors même des lieux soustraits à l'empire de la constitution, la liberté individuelle n'exista plus, vis-à-vis des personnes frappées, pour cause politique, soit au 19 brumaire, soit auparavant (4) ; or, le jour de son installation, le Conseil d'État, invité à se prononcer sur l'abrogation virtuelle ou le maintien implicite des lois portant exclusion des droits civiques, à l'égard des parents d'émigrés, avait exprimé l'avis que « toute loi dont le texte serait inconciliable avec celui de la constitution » se trouvait abolie, « par le seul fait de la promulgation » du pacte fondamental (5).

Mais, enfin, à supposer que certaines catégories de personnes dûssent rester dans un état étranger au droit

(1) Arrêté du 26 nivôse an VIII, (art. 1er et 2).
(2) *Id.*
(3) Même arrêté, art. 11.
(4) Loi du 3 nivôse an VIII.
(5) Avis du 4 nivôse.

commun, si, à l'avenir, des crimes étaient tentés, contre la sûreté publique, pouvait-il en résulter, pour le gouvernement, une occasion et une faculté de se saisir d'individus non poursuivis en justice ?

Quelqu'invraisemblable que cela paraisse, la réponse à cette question reçut un caractère affirmatif, et elle émana de l'assemblée dans l'existence de laquelle Sieyès avait mis tout son espoir, pour sauvegarder les lois et les libertés publiques.

La tentative du 3 nivôse an IX, contre le premier Consul, parut nécessiter des « mesures de haute police », qui consistaient, notamment, à déporter un certain nombre de personnes ayant joué un rôle, pendant la période révolutionnaire. Or, l'art. 77 de la Constitution défendait d'exécuter un ordre d'arrestation, s'il n'exprimait, à la fois, le motif qui faisait appréhender au corps et la loi qui autorisait à opérer l'incarcération. Comment éluder ces conditions, tout en ayant l'air de les remplir ? Tel était le difficile problème qui s'agitait dans l'esprit de Bonaparte, désireux de mettre à profit, pour faire un pas en avant, vers le pouvoir absolu, le sentiment d'indignation qu'excite, toujours, en France, un lâche attentat (1).

Certain de l'assentiment du Conseil d'État, il fit émettre, par celui-ci, un avis tendant à en *référer* au Sénat conservateur, pour que le gouvernement provoquât, « sur ses propres actes, l'examen et la décision de ce corps tutélaire » et donnât « par la force de l'exemple, *une sauvegarde capable* de *rassurer*, par la suite, la nation et de *prémunir* » les Consuls

(1) Stanislas Girardin, *Mémoires*, tome Ier, p. 274. Le premier Consul l'entretint de son projet et de sa perplexité. Girardin tomba d'accord sur le but à atteindre et fit des représentations sur la forme à suivre ; il aurait désiré une loi et, par surcroît, un acte du Sénat, pour associer tous les corps de l'État à ce « grand acte de précaution nationale » ; Bonaparte repoussa le conseil, comme offrant des chances douteuses de réussite et des inconvénients, à cause de la chaleur probable des débats ; il annonça le dessein de s'en tenir à un appel au Sénat.

eux-mêmes, « *contre tout* acte dangereux » pour *la liberté publique* (1).

L'annulation des mesures inconstitutionnelles rentrait bien dans les prérogatives réservées au Sénat ; mais, le pacte du 22 frimaire n'avait prévu, ni que le pouvoir exécutif solliciterait la censure de ses décisions, ni qu'il éprouverait le besoin d'en obtenir la confirmation, si elles étaient valables et régulières.

Cependant, on ne trouva rien de mieux, pour sortir d'embarras, que de rendre un arrêté consulaire (2) ordonnant la transportation, hors d'Europe, d'individus dont le passé, quel qu'il fût, était couvert par une amnistie générale (3) et de faire reconnaître que ce nouveau coup de force, dont le gouvernement n'osait point assumer seul la responsabilité, était licite.

A l'aide de quel sophisme pouvait-on justifier une aussi évidente contradiction ? Le voici :

« La Constitution, dit le Sénat, ne détermine pas les remèdes à employer, dans les conjonctures actuelles ; il faut donc s'inspirer des sentiments du peuple, qui « ne peuvent « être exprimés que par l'autorité qu'il a, spécialement, « chargée de *conserver le pacte social* et de maintenir ou « d'annuler les actes FAVORABLES ou contraires à la *charte* « *constitutionnelle* (sic) (4). »

Il est bien vrai qu'en faisant la dernière loi fondamentale, ses rédacteurs n'avaient pas songé à y renfermer des dispositions répressives, parce qu'il existait un Code pénal (5), punissant les crimes contre la sûreté intérieure de la République (6) ; d'ailleurs, on avait cru parer à des dangers

(1) Avis du 11 nivôse an IX.
(2) Arrêté du 14 nivôse an IX.
(3) Loi du 4 brumaire an IV.
(4) Délibération du 15 nivôse an IX.
(5) Loi du 3 brumaire an IV dit Code des délits et des peines.
(6) *Id.* (Art. 612 et suivants.)

exceptionnels, en permettant au Corps législatif de suspendre l'effet de la constitution, et le gouvernement (nous l'avons vu) avait fait un large usage des moyens de rigueur que laissait présager cette dérogation au droit commun ; mais, ce n'était pas encore assez, pour lui, d'être à même de renvoyer devant des Commissions extraordinaires les gens soupçonnés d'avoir pris part à une révolte : il fallait qu'on lui reconnût le pouvoir, accordé par d'anciennes ordonnances, dans des cas spéciaux, de confisquer, « sans figure de procès » et d'une façon entièrement discrétionnaire, la liberté individuelle.

La démarche faite, auprès du Sénat conservateur, n'avait pas d'autre objet ; elle tendait à obtenir, pour le présent, un *bill* d'indemnité, en faveur de la mesure décrétée et, pour l'avenir, une autorisation générale de répéter l'emploi du même procédé. De la sorte, le Tribunat et le Corps législatif se trouvaient éliminés, tandis qu'une autre Assemblée voyait grandir son importance, au prix d'un service rendu.

C'est pourquoi il fut déclaré que l'atteinte arbitraire, subie par 56 personnes, avait « *l'avantage* de réunir le double caractère de la *fermeté* et de l'*indulgence* », attendu qu'elle éloignait de la société des perturbateurs, en leur laissant « un dernier moyen d'amendement ».

Tout en se montrant d'un optimisme extrême, Cabanis avait entrevu que, dans l'ordre de choses créé, en l'an VIII, « la plus dangereuse des coalitions contre la liberté publique serait celle du pouvoir exécutif et du Sénat conservateur », qu'en fait il regardait comme chimérique (1). Sur ce point, encore, il ne tarda pas à être désabusé.

La résolution sénatoriale du 15 nivôse an IX fut insérée au *Bulletin des lois*, avec une formule de promulgation qui qualifiait cet acte de *Sénatus-Consulte*, terme nouveau dans

(1) *Op. cit.*

le droit français et dont la portée devait singulièrement s'étendre, l'année suivante.

Amoindris, déjà, par la concurrence d'attributions qui leur était suscitée, le Tribunat et le Corps législatif se trouvèrent encore diminués, par l'exclusion (1) de ceux de leurs membres dont l'attitude indépendante cherchait à venger des illusions déçues et devenait incompatible avec le caractère, chaque jour plus accentué, du gouvernement. Les conséquences attendues de la mesure ne tardèrent point à se faire sentir.

Presqu'aussitôt après son épuration, le Tribunat, usant de son droit d'initiative, transmit au Sénat un vœu, qu'on ne manqua pas d'exaucer, en faveur de la prorogation, pour dix ans, des pouvoirs du premier Consul (2). Mais, ceux qu'animait un zèle qu'ils supposaient habile n'avaient pas pris garde que, si le Sénat était appelé à élire les Consuls, le choix de Bonaparte faisait corps avec la loi constitutionnelle, et, sous couleur de maintenir, à son égard, l'unité, dans le mode d'investiture, le chef de l'État fit rouvrir les registres plébiscitaires (3), pour qu'on lui décernât une magistrature à vie.

Une fois assuré de l'inamovibilité, le premier Consul rédigea, sous le titre commode et déjà éprouvé, dans ses avantages, de Sénatus-Consulte, un acte qui altérait profondément celui du 22 frimaire an VIII, et il le soumit, non plus au peuple réuni dans ses comices, mais aux seuls présidents des diverses sections du Conseil d'Etat, mandés au palais des Tuileries, pour louer les mérites de l'œuvre (4).

Rien n'avait été inscrit dans la constitution, ni sur le principe et l'étendue de sa révision, ni sur la forme à suivre, pour s'en occuper, ni sur la dévoluttion de l'initiative des

---

(1) Sénatus-consulte du 22 ventôse an X.
(2) Sénatus-consulte du 20 floréal au X.
(3) Arrêté consulaire du 22 floréal an X.
(4) Stanislas Girardin, *op. cit.*, t. Ier, p. 276.

réformes à réaliser. Sans doute, le gouvernement proposait « les lois » ; mais, si ce terme était entendu dans un sens large, il fallait soumettre le projet au Tribunat ; si ce dernier n'était pas compétent, pour connaître des matières constitutionnelles, comment son vœu, tendant à faire proroger les pouvoirs du premier Consul, avait-il été pris pour base de la résolution du Sénat ? Où puisait-on, d'ailleurs, le droit de donner au terme de « lois » une portée assez élastique pour permettre, tour à tour, d'étendre le rôle du pouvoir exécutif et de restreindre celui du Tribunat ?

Un tel raisonnement ne devait toucher, sans doute, que les « idéologues » ; en tout cas, rien n'annonce qu'il ait frappé les esprits, en temps opportun, et suspendu, un instant, le sort des changements à réaliser ; l'essentiel était de réussir, et on n'eut pas de peine à s'assurer le succès, grâce à la part considérable faite au Sénat conservateur, dans la dépouille de la souveraineté nationale, de la puissance législative ou des libertés publiques.

Les attributs, dont la haute assemblée allait être investie, embrassèrent six objets :

1° Interprétation de la loi constitutionnelle et adoption de toute mesure imprévue qui serait réputée nécessaire à son fonctionnement ;

2° Régimes des colonies ;

3° Suspension de la loi fondamentale ou de la procédure devant le jury, dans certains ressorts territoriaux ;

4° Annulation des jugements attentatoires à la sûreté de l'État (1) ;

5° Dissolution du Corps législatif et du Tribunat ;

(1) En vertu de cette prérogative, un sénatus-consulte du 28 août 1813 annula une délibération du jury de Bruxelles du 24 juillet précédent, qui acquittait des agents du fisc accusés de dilapidation, en matière d'octroi. Mais, sous la première Restauration, deux arrêts du Conseil d'État des 4 juillet et 6 septembre 1814 révoquèrent ce Sénatus-consulte, comme pris en violation de la chose jugée.

6° Prorogation des délais accordés, pour livrer les particuliers à la justice.

De son côté, le premier Consul se réservait le choix de son successeur, la désignation de ses collègues, la présidence du Sénat, la présentation des sénateurs et la nomination de quarante d'entre eux, le droit de grâce, de paix et de guerre (1),

Ainsi, alors qu'il s'agissait de recevoir une marque de confiance, que le principal corps de l'État avait qualité pour lui donner, Bonaparte montra des scrupules et voulut un vote de l'universalité des citoyens ; mais, quand il fut question de bouleverser l'économie d'une constitution revêtue de la sanction populaire, la compétence, pour *innover*, lui sembla corrélative à la mission de *conserver*.

Cette entreprise démontre, d'une manière péremptoire, qu'à partir du Consulat le système plébiscitaire devint absolument facultatif ; il avait donc cessé d'être la base de l'édifice gouvernemental, que le premier Consul s'était arrangé pour modifier, jusqu'aux fondements ; on oublia que l'acceptation de l'acte du 22 frimaire an VIII portait sur un ensemble de dispositions, et non pas sur un article spécial isolé du reste de l'œuvre.

De telle sorte qu'à la fin de l'an X le plan tracé, par la résolution législative du 19 brumaire, était devenu méconnaissable : souveraineté du peuple, délimitation et indépendance des autorités, garantie des libertés publiques n'éveillaient que des souvenirs dont les traces s'effaçaient graduellement. Bonaparte venait de réaliser, à son profit, les vœux qu'il avait exprimés, étant général en chef de l'armée d'Italie, dans une lettre confidentielle au Ministre de la guerre et où, sous l'incorrection du style, on rencontre un passage caractéristique :

« *Le pouvoir* du gouvernement, disait-il, dans toute la latitude que je lui donne, devrait être considéré comme *le*

(1) **Sénatus-consulte du 16 thermidor an X.**

vrai représentant de la nation, lequel (*sic*) devrait gouverner en conséquence de la charte constitutionnelle et des lois organiques (1). »

Et ailleurs :

« Pourquoi.... regarde-t-on comme une attribution du pouvoir législatif le droit de guerre et de paix, le droit de fixer la quantité et la nature des impositions? »

C'était donc depuis longtemps qu'était préméditée, chez le grand capitaine, la mise en pratique d'une combinaison assurant la prépondérance au pouvoir exécutif. En agissant dans le sens indiqué, il faut convenir que Bonaparte fit preuve d'une logique plus serrée que celle des politiques célébrant la perfection avec laquelle on avait assis la souveraineté nationale, en l'an VIII, époque où Cabanis s'écriait :

« Voilà la démocratie purgée de tous ses inconvénients. Il n'y a plus ici de populace à remuer au forum ou dans les clubs : *la classe ignorante n'exerce plus aucune influence, ni sur la législature, ni sur le gouvernement ; par tant, plus de démagogues. Tout se fait* POUR *le peuple et au nom du peuple : rien ne se fait* PAR LUI, *ni sous sa dictée irréfléchie* (2). »

La constitution de 1791 dessaisit le monarque de son autorité réelle ; à ce prix, elle déclara sa personne inviolable et sacrée : on subissait une loi d'analogie, en procédant de même à l'égard du peuple souverain. Mais, comme, en définitive, une société ne vit point de fictions, la puissance publique se déplace et ne se supprime pas ; lorsqu'elle n'est plus que nominale, sous une forme, elle devient effective sous une autre ; cette évolution inévitable conduisit à l'Empire, après une série de mesures concertées avec le

(1) Quartier général de Passeriano, 3ᵉ jour complémentaire an V (19 septembre 1797) ; Jung, *Bonaparte et son temps*, appendice.

(2) Cabanis, *op. cit.*

Sénat (1) et qui devaient faciliter l'approche du but poursuivi par Bonaparte. Celui-ci parvint, encore, à se faire offrir ce qu'il souhaitait.

Le Ministre de la justice reçut l'ordre de rédiger, en forme de rapport pour le Gouvernement, un exposé du complot tramé par l'agent diplomatique de l'Angleterre à Munich ; ce document fut communiqué au Sénat ; après lecture et suivant le programme arrêté, on vota une adresse, dans laquelle le premier Consul était invité à rendre son pouvoir héréditaire (2).

Détail intéressant et à retenir : la minute de cette harangue existe (3) et elle est corrigée, en deux endroits, de la main même de Bonaparte, à qui elle avait été soumise, par conséquent, avant sa présentation officielle.

Dès qu'il fut, ainsi, assuré du concours qui lui était nécessaire, afin de transformer son titre, le premier Consul écrivit au Sénat un message (4) formulant le désir de « connaître la pensée » de cette assemblée, « sur celles de nos institutions », qui demanderaient à « être perfectionnées, pour assurer, *sans retour*, le *triomphe* de l'égalité et de la liberté publiques et offrir a la nation et au gouvernement les garanties » dont ils avaient « besoin ».

(1) Sénatus-consultes des 22 ventôse, 8, 12 et 14 fructidor an X. Renouvellement du Corps législatif et du Tribunat ; formes de la dissolution de ces Assemblées ; mode de convocation du Sénat par le premier Consul ; formes de procéder pour l'examen et la discussion ; droit du premier Consul de désigner, en son absence, le président du Sénat ; classement des députés au Corps législatif et des tribuns ; 14 nivôse et 5ᵉ jour complémentaire an X, institution des sénatoreries, désignation de 48 titulaires ; 8, 28 frimaire et 8 ventôse an XII, administration des sénatoreries ; procédure devant le Corps législatif ; suspension du jury, en l'an XII et en l'an XIII, pour les crimes attentatoires à la sûreté de l'État.

(2) 6 germinal an XII.

(3) Archives nationales, AD. XVIIIᵇ, 315.

(4) 5 floréal an XII.

Ce besoin, on le devine, c'était l'hérédité.

Les tribuns, comme en l'an X, firent, de leur côté, tenir au Sénat un vœu formel, pour provoquer l'admission du principe monarchique.

Interpellé sur les améliorations à introduire, dans la loi constitutionnelle, le Sénat ne voulut pas se borner à reproduire la conclusion de sa précédente adresse : il élabora un *Mémoire*, sur les dispositions qui, à ses yeux, étaient « les plus propres » à procurer la force nécessaire, afin de « garantir à la nation ses droits les plus chers, en assurant l'indépendance des grandes autorités, le vote libre et éclairé de l'impôt, la sûreté des propriétés, la liberté individuelle, celle de la presse et des élections, la responsabilité des ministres et l'inviolabilité des lois » fondamentales.

Ce projet diffère, sur un certain nombre de points, du texte définitivement adopté ; outre quelques dispositions secondaires (1), il en renferme d'autres d'un certain mérite :

1° L'érection du Sénat en Cour de justice, pour connaître des crimes d'État et des délits reprochés aux ministres, capitaines généraux des colonies et sénateurs ;

2° L'organisation prescrite de la responsabilité ministérielle ;

3° Le recours direct et gratuit au Conseil d'État, en matière contentieuse, et la communication aux parties intéressées des moyens soutenus ;

4° Le pouvoir, au Corps législatif, de discuter, en comité secret, les lois qui ne paraitraient pas claires ;

---

(1) *a.* L'accessibilité au trône des parents de Napoléon n'était pas limitée ; mais « on ne reconnaîtrait pour prince de la famille impériale que les enfants issus de mariages approuvés par l'Empereur » ; *b.* La liste civile devait être votée par le Corps législatif et sanctionnée par le Sénat ; *c.* Les listes de candidats au Sénat seraient renouvelées tous les cinq ans ; *d.* Le Sénat résoudrait les questions d'éligibilité pour les deux Chambres et le Tribunat.

5° La comparution, devant cette assemblée, des membres du Tribunat, pour débattre les projets de loi.

On ne retint des conseils, ainsi exprimés, que ce qui ne contrariait pas les opinions du dominateur de la France, et la Constitution fut encore changée, sans vote confirmatif des comices populaires ; en effet, le plébiscite porta, *exclusivement*, sur la fondation de la *dynastie napoléonienne* ; mais, la *dignité impériale*, en elle-même, ne donna pas lieu à une demande, soit d'investiture, soit de ratification, par les citoyens ; le jour même où le Sénatus-Consulte de l'an XII était rendu, l'Empereur le promulguait, en se parant de son titre à peine reçu (1).

Cette remarque a une grande importance, et il est difficile de se rendre compte des motifs qui l'ont fait négliger, dans les études rétrospectives publiées, sur notre droit public au commencement du xixe siècle.

Les règles qui présidèrent à l'établissement du premier Empire appellent d'autres observations qui ne sont pas moins sérieuses.

On a vu qu'en prenant la plume, pour tracer le sommaire de son ouvrage constitutionnel, Sieyès, vers la fin de brumaire an VIII, constatait la nécessité d'en revenir à 1789 et, comme conséquence, tâchait de fonder une République, d'après lui démocratique.

Au contraire, partant de cette même proposition qu'il fallait reprendre les idées de 1789, le Sénat et le Tribunat, dans les manifestes rédigés par eux, en 1804, concluaient au relèvement de la monarchie ; celle-ci, du moins, devait-elle avoir une base démocratique ? A s'en tenir aux croyances du

(1) Le lendemain, un *décret* intervint, pour réglementer la forme de l'acceptation, en faveur de l'hérédité ; puis, sur le vu des recensements opérés, le Sénat proclama, le 15 brumaire an XIII, sous forme de sénatus-consulte, l'établissement de cette hérédité, dont il avait, d'avance, fixé les effets.

vulgaire, l'affirmative ne fait pas doute ; écoutons, néanmoins, le langage du Tribunat.

Au début de la Révolution, quand « la volonté nationale put se manifester avec le plus de liberté, le vœu général se prononça pour l'unité individuelle, dans le pouvoir exécutif, et pour l'hérédité de ce pouvoir ». Mais les agissements des Bourbons firent « oublier les avantages » du système et forcèrent à « chercher une autre destinée plus heureuse dans le *gouvernement démocratique... La France, ayant éprouvé les divers modes de ce gouvernement, ne recueillit de ces essais que les fléaux de l'anarchie...* »

Un pareil langage est fort net ; or, si l'on considère que l'adresse du Tribunat fut communiquée, en projet, au premier Consul, corrigée par lui et débattue longuement, avant d'être expédiée (1), il faut bien reconnaître que les termes employés avaient été pesés avec soin ; cependant, ils tendent à la répudiation de *tout* régime démocratique ; et, en effet, comme, depuis la mise en activité de la Constitution du 22 frimaire, an VIII, l'appel au peuple n'avait eu pour objet que de fixer la durée des pouvoirs consulaires, dorénavant, la nation devait cesser d'être convoquée et de faire entendre sa voix, du moment qu'elle arrêtait, une fois pour toutes, la manière dont la première magistrature de l'État serait transmise.

En retour de cette délégation perpétuelle, prit-on des garanties contre l'abus de la puissance impériale ?

Dans la Constitution de 1791, la haute trahison du roi était prévue et comportait l'abdication présumée ; en fait, on ne se contenta pas de cette sanction.

En 1799, il fut déclaré que les actes des Consuls, sans en excepter ceux que prenait seul le premier des gouvernants, seraient couverts par l'immunité qui protégeait les votes, au sein des Assemblées législatives et du Conseil d'État. Sans doute, un recours était ouvert, devant le Sénat, contre celles

(1) **Stanislas Girardin**, *op. cit.*, tome Ier.

de ces décisions qui auraient été illégales ; mais, la dénonciation n'atteignait que les mesures prises et non leurs auteurs ; elle n'entraînait pas le droit de mettre en accusation et de prononcer la déchéance.

Encore moins la déposition fut-elle admise, en 1804 ; la seule assurance qu'eût la nation résidait dans le serment de l'Empereur, contenant la promesse de respecter une série de principes, dont plusieurs avaient, déjà, été méconnus et d'autres allaient bientôt l'être.

Enfin, l'ordre de succession au trône s'écartait, sous un double rapport, des traditions de notre pays, en pareille matière.

Tandis que, d'un côté, il faisait exclure une partie de sa famille des honneurs et avantages de la parenté avec lui, d'un autre côté, Napoléon recevait la prérogative exorbitante et sans précédent d'adopter un successeur quelconque. C'était là un retour au régime césarien ; jusqu'alors, malgré les nombreux emprunts faits, à l'instigation des légistes, au droit public de la Rome impériale, jamais aucun souverain n'avait eu, en France, la faculté de rendre habile à recueillir le sceptre un sujet non désigné, par sa naissance, pour en hériter, au moins éventuellement.

Sous la Régence, dans un acte solennel, il fut admis que, si le roi était impuissant à consentir l'aliénation du domaine, *a fortiori* n'avait-il point qualité pour disposer de la couronne, et que, si la race régnante venait à s'éteindre un jour, ce serait aux citoyens qu'il appartiendrait de se choisir un chef (1).

Ainsi, dans les actes institutifs de l'Empire, ni le droit ancien, ni le droit nouveau ne furent respectés.

(1) Édit de juillet 1717.

III

La formule du serment impérial ne renfermait pas de promesse relative à l'existence et aux fonctions des organes constitutionnels ; toujours imbu des idées traduites dans sa lettre de 1797 au ministre de la guerre, Napoléon suivit sa tactique tendant à circonscrire, dans des limites de plus en plus étroites, l'action du pouvoir législatif proprement dit.

Le Tribunat lui déplaisait ; sa perte était résolue ; son attitude complaisante, pour faciliter l'avènement de l'Empire (1), ne firent pas trouver grâce à cette assemblée, devant celui qu'elle avait contribué à mettre sur le trône ; successivement réduite (2) et disloquée (3), elle alla se confondre enfin avec le Corps législatif (4), sans communiquer à ce dernier le droit de discussion, d'initiative ou de dénonciation au Sénat.

Le Corps législatif lui-même ne fut point à l'abri d'une mutilation de ses attributs.

En 1805, l'Empereur, s'étant rendu au Sénat, fit un discours à l'appui de deux projets déposés sur la garde nationale et la levée du contingent de l'armée.

D'après la Constitution de l'an VIII (5), une loi fixait le régime de la garde nationale sédentaire ; puis, aux termes de la loi du 19 fructidor an VI (6), c'était par un vote du Parle-

---

(1) Sur les intrigues ou négociations relatives à ce vœu, consulter les *Mémoires* de Stanislas Girardin, t. Ier, p. 355 et suivantes, lettre d'un tribun (16 floréal).

(2) Sénatus-consulte du 16 thermidor an X, art. 76.

(3) Sénatus-consulte du 28 floréal an XII, art. 9.

(4) Sénatus-consulte du 19 août 1807.

(5) Art. 48.

(6) Art. 4.

ment que le nombre des hommes à incorporer chaque année devrait être déterminé.

Pour la garde nationale, la chose parut très simple : on s'était accoutumé à changer le texte du pacte fondamental par voie de Sénatus-Consulte ; en conséquence, à l'aide de cet expédient, l'organisation de l'armée auxiliaire fut enlevée au Corps législatif et abandonnée au Gouvernement (1).

Quant à la levée des conscrits, il était moins aisé de faire comprendre qu'une loi ordinaire, réservant au législateur la limitation des appels, pût être abrogée, sans recourir à une autre loi, pour enlever aux députés le soin de consentir l'impôt du sang. Afin de vaincre les scrupules, la casuistique n'était pas de trop ; ce fut un ancien ministre de l'intérieur du Directoire, François de Neufchâteau, qui reçut mandat de s'en inspirer ; la subtilité de raisonnement du rapporteur serait plaisante, si elle n'attestait, chez les hommes politiques de l'époque, une dépression de caractère qui ne prête jamais à rire.

« Sans doute, dit l'organe de la Commission sénatoriale, ce qui concerne la conscription, dans l'ordre naturel, simple et habituel des choses, est de la compétence du Corps législatif... et le Sénat, qui nomme le Corps législatif et *veille à ses* attributions (2)... est *bien éloigné... de songer à l'en dépouiller.* Mais le Sénat est *conservateur* (3) de la Constitution, C'EST-A-DIRE *de l'organisation de l'Empire.....* L'autorité chargée... de parer à toutes les atteintes qui pourraient... être portées [à la Constitution], de *suppléer à son silence, lorsque des besoins imprévus et pressants l'exigent,* a, *par une conséquence nécessaire,* le pouvoir d'adopter les mesures que le Gouvernement juge indispensables... *Il importe, surtout, que ce soit le Sénat qui délibère sur tout ce qui excède le tribut*

(1) Sénatus-consulte du 2 vendémiaire an XIV.
(2) Qu'il avait, à plusieurs reprises, démantelées.
(3) Et destructeur, *au besoin.*

ordinaire et annuel de la conscription militaire. Dans toute constitution *libérale*, il faut distinguer deux états, l'un ordinaire, l'autre extraordinaire. Dans l'état ordinaire, le Gouvernement ne doit s'adresser qu'au pouvoir de droit commun.... Dans l'état extraordinaire, le Gouvernement doit porter ses demandes au Corps dont le pouvoir n'a de limites que celles de la conservation. Dans la République française, ce corps est *le Sénat*, qui, dans les cas urgents, *est appelé à exercer la souveraineté nationale.* La distinction de ces deux états... importe aux citoyens... En la reconnaissant, *le Gouvernement.., s'oblige, de lui-même, à une sage réserve. Il se place dans l'heureuse nécessité* de ne pas abuser des moyens des citoyens et de ne pas exagérer l'emploi de la force nationale. »

On sait ce qui arriva : de 60,000 hommes, le contingent annuel s'éleva, en quelques années, à 80, 100, 120 et 160,000, sans préjudice des rappels sur les classes antérieures et de la mobilisation d'une partie de la garde nationale; au lieu de s'excuser, à raison des conjonctures présentes, d'une telle extension des cadres, le Gouvernement, par l'organe de Boulay de la Meurthe, disait, en 1812, lorsqu'il demanda au Sénat une levée anticipée de 120,000 conscrits, que le projet présenté ne consacrait qu'une mesure « *ordinaire* » et « l'application *régulière, naturelle* », du « système constitutionnel et *législatif* ».

Néanmoins, le Sénat entendit, sans s'émouvoir, ce langage, qui formait un si parfait contraste avec les paroles rassurantes prononcées, en 1805, par François de Neufchâteau, et ruinaient l'argumentation paradoxale péniblement trouvée, alors, pour expliquer la translation d'une des prérogatives les plus essentielles du Corps législatif.

De tous les principes affirmés, dans la résolution du 19 brumaire, l'Empire en avait laissé deux intacts: la dévolution, aux tribunaux civils, des questions affectant le statut personnel, l'égalité civile; ces règles fléchirent, comme toutes celles qu'on avait juré de sauvegarder.

En effet, d'une part, un simple décret annula l'union contractée en Amérique, pendant le Consulat, par Jérôme Bonaparte (1), et ce fut sous la forme d'un acte présumé « nécessaire à la marche de la Constitution » que l'Empereur fit dissoudre son mariage avec Joséphine Tascher de La Pagerie (2).

D'autre part, l'institution des majorats fit revivre les substitutions (3), avec dispense de respecter l'égalité des partages successoraux (4) ; bien plus : malgré l'abolition de la féodalité, on érigea en fiefs des pays conquis (5).

De plus, et sous prétexte de régler la discipline des membres de sa famille, Napoléon arrachait à leurs juges naturels les tiers ayant quelque différend avec les princes (6).

Sans s'arrêter devant la maxime que les territoires définitivement occupés, avec le sang et les deniers d'un peuple, appartiennent à la nation victorieuse qui, seule, peut les concéder et y fixer le mode d'exercice de l'autorité publique, le conquérant crut avoir qualité pour attribuer la *souveraineté héréditaire*, en plusieurs contrées, à ses frères, à ses sœurs, à ses maréchaux (7).

Depuis l'an IX, toutes les mesures soumises au Sénat, pour enchaîner la liberté individuelle, avaient été adoptées ; pouvoir d'éloigner des gens suspects (8) ; mise en surveillance, pendant dix ans, des personnes rayées de la liste des émigrés, ayant prêté serment de fidélité et obtenu le bénéfice de

---

(1) Décret du 11 ventôse an XIII.

(2) Sénatus-consulte du 16 décembre 1809. Sur la nullité juridique de cette dissolution, V. l'étude de M. Colmet de Santerre dans les *Mémoires de l'Académie des sciences morales et politiques*, année 1894.

(3) Sénatus-consulte du 14 août 1806.

(4) Décret du 30 mars 1808.

(5) Autres décrets du 30 mars 1806.

(6) Statut du 30 mars 1806.

(7) Décrets du même jour, du 5 juin même année, du 3 mars 1809, du 1er mars 1810.

(8) Sénatus-consulte du 15 ~~ventôse~~ nivôse an IX.

l'amnistie (1) ; maintien éventuel sous les verrous de prévenus non livrés à la justice (2) ; droit, pour la Haute cour, de remettre aux mains de la police ceux qu'elle aurait acquittés (3).

Néanmoins, ces témoignages géminés de complaisance ne parvinrent pas à rassurer Napoléon, sur l'accueil que recevrait un projet de sénatus-consulte déférant à l'Empereur le droit d'enfermer, sans jugement, un individu ou de le retenir, au delà du terme de la peine prononcée ; mais, ce qui ne fut point tenté, comme projet constitutionnel, devait se réaliser sous la forme d'un acte réglementaire (4) ; qu'était-ce, après tout, sinon la généralisation de la mesure consacrée le 15 nivôse an IX ?

Toujours est-il qu'un curieux rapprochement se présente à l'esprit. En 1789, le Tiers-état de Paris avait devancé, par son vœu, la démolition de la Bastille, et Louis XVI, par sa proclamation du 23 juin, renonçait à décerner des ordres d'arrestations arbitraires ; en 1810, Napoléon rétablit les « prisons d'État » et les lettres de cachet (5).

L'année suivante, il s'attribua le pouvoir discrétionnaire de mettre en état de siège les villes (6), déclarant, sans détour, qu'il dérogeait, sous ce rapport, à la loi spéciale édictée par l'Assemblée constituante (7).

En 1813, il prescrivit, de sa propre initiative, la levée de nouveaux centimes additionnels sur les contributions directes (8).

Dans la seconde adresse votée par les Conseils, le 19 bru-

(1) Sénatus-consulte du 6 floréal an X. (Art. 1er, 4 et 12).
(2) Sénatus-consulte du 16 thermidor an X. (Art. 54).
(3) Sénatus-consulte du 28 floréal an XII. (Art. 131).
(4) Décret du 3 mars 1810.
(5) *Id.*
(6) Décret du 24 décembre 1811, art. 53.
(7) *Id.*, art. 50.
(8) Décret du 11 novembre 1813 suivi d'un autre du 9 janvier 1814.

maire, on lit cette naïve assertion que « ceux même qui voulaient, *le plus sincèrement*, le maintien » de la constitution du 5 fructidor an III « *ont été forcés de la violer, à chaque instant, pour l'empêcher de périr.* » Certes, on ne saurait fournir une excuse analogue aux atteintes que subit la constitution de l'an VIII ; mais, celle-ci, dans la pensée de Bonaparte, n'était qu'un compromis destiné à procurer un état transitoire et à faciliter un acheminement vers le régime conforme à ses vues.

L'autorité dont le pacte fondamental était revêtu, dans son ensemble, au moyen de la sanction populaire, s'effaça, dès l'instant où le Sénat, gardien de cette charte, se vit convié à en remanier la teneur, sans aucune formalité de ratification.

Or, il convient de répéter, avec le Conseil d'État impérial (1), que « les adhésions données, par des individus sans mission, n'ont pu, ni anéantir, ni suppléer le consentement du peuple exprimé par des votes solennellement émis ».

Ce n'est donc pas sans surprise qu'en parcourant le préambule de l'acte additionnel du 22 avril 1815, les yeux découvrent cette assertion positive qu'on avait « cherché à *perfectionner*, à diverses époques, les formes constitutionnelles, suivant les besoins et les *désirs* de la nation » et que les sénatus-

(1) Avis du 25 mars 1815 tendant à frapper de nullité tout ce qui s'était accompli, en 1814 et en 1815, depuis la déchéance de Napoléon ; l'abdication de l'Empereur est, notamment, réputée non avenue, faute d'avoir été acceptée par la Nation. Dans ce document étrange, on avance que « le Sénat, qui n'avait été constitué que pour conserver *les* constitutions de l'Empire, *reconnut lui-même qu'il n'avait pas le pouvoir de les changer.* » Présentée en ces termes, la proposition manque de sincérité. Le Sénat était créé pour sauvegarder *la* Constitution de l'an VIII et non pour faire les sénatus-consultes abrogatifs qu'il vota, de l'an X à 1813 ; en 1814, il déclara, sans *referendum*, Napoléon déchu et ne soumit à l'approbation des collèges électoraux que *la nouvelle charte* qui appelait à régner en France l'héritier de Louis XVI.

consultes intervenus, à ce sujet, avaient obtenu « l'acceptation du peuple (1) ».

Doit-on accorder plus de crédit à la promesse faite, dans le même préambule, de travailler à « l'affermissement de la liberté publique ? »

La réponse à cette question se trouve dans la série de mesures dictatoriales prises, pendant les Cent jours (2), même après la publication de l'acte additionnel (3).

Dans un but politique facile à comprendre, Louis XVIII, en 1814, avait consacré l'existence de la noblesse impériale ; à son retour de l'île d'Elbe, Napoléon évoqua les lois abolitives des distinctions aristocratiques, mais en conservant, toutefois, les « *titres nationaux* » qu'il avait décernés, depuis 1806.

Ainsi, les qualifications de prince, duc, comte, baron, chevalier, les apanages sont des « titres nationaux », s'ils ont été conférés de 1806 à 1814 ; ils prennent, au contraire, un caractère « féodal », si leur origine est plus ancienne, encore bien qu'elle ne soit accompagnée d'aucun privilège.

Au moyen de ce départ d'idées, il était censé que les citoyens restaient égaux, en droits et franchises.

---

(1) La même assertion se retrouve dans l'avis doctrinal du Conseil d'État, en date du 25 mars 1815, inséré au *Moniteur* du 28. « Le sénatus-consulte du 16 thermidor an X *nomma Bonaparte consul à vie* », celui du 28 floréal an XII conféra la dignité impériale et *la rendit héréditaire*. Ces « actes solennels *furent soumis à l'acceptation du peuple* ». Or, c'est un sénatus-consulte du *14* thermidor an X qui, sur le vu des recensements de votes, proclame Bonaparte consul à vie, lui accorde une statue, etc. ; le sénatus-consulte du 16 décide (art. 39) que « *les consuls* sont à vie » et substitue à la Constitution de l'an VIII des dispositions notablement différentes. D'un autre côté, le sénatus-consulte de l'an XII porte, d'une façon expresse, que les citoyens se prononceront sur l'*hérédité*, dans les conditions définies par ledit acte. Il y a donc, dans les énonciations du Conseil d'État, une erreur double et une équivoque intentionnelle.

(2) Décrets des 12, 13, 25 mars 1815.

(3) Décret du 15 mai 1815 modificatif de la *loi* du 30 avril 1806.

Certes, ce n'est point à l'aide de tels artifices qu'on peut faire illusion, sur l'économie des lois d'une époque ; mais, pour la plupart des autres actes, dont le but et la portée viennent d'être précisés, le sophisme et la légende se sont unis, afin d'en dépeindre l'objet sous des dehors séduisants, que le vulgaire s'est plu à regarder comme étant corrélatifs au fond des choses.

En résumé, le gouvernement issu de la résolution législative du 19 brumaire an VIII eut pour origine une erreur et une imprudence ; après comme avant les événements accomplis à Saint-Cloud, on pensait préparer un régime durable, pour permettre au pays de goûter pacifiquement les bienfaits de la liberté. Mais, ceux qui avaient ce dessein agirent sans mesurer la puissance du levier mis en mouvement.

Sieyès, principal instigateur des réformes projetées, se regardait comme devant être l'oracle de la nouvelle législature ; or, le premier rôle lui échappa, aussitôt que le glaive vint trancher les difficultés qu'il s'agissait de résoudre par d'autres moyens. Du moins pensait-il, une fois au pouvoir, faire contrepoids à l'influence de Bonaparte ; mais, celui-ci, nouveau Brennus, jeta sa lourde épée dans la balance et rompit l'équilibre que son collègue tentait d'établir.

Dans cette aspiration à la dictature, il convient de ne pas voir un simple besoin de tempérament, mais une preuve de l'influence du milieu ambiant.

Depuis la Renaissance, le réveil de l'esprit antique n'avait pas seulement restauré l'étude et provoqué l'imitation des lettres et des arts, en honneur chez le peuple romain, aux divers âges de son développement ; c'est, en particulier, la ville impériale dont nos pères se plurent à rappeler les souvenirs et à retracer le régime. Au xvi⁰ siècle, les lois de propre mouvement prirent le titre d'*édits* ; au xvii⁰, les rois de France se laissèrent représenter revêtus du costume des Césars ; au xviii⁰, on pressait le monarque de se décerner le pontificat, qui, à partir d'Auguste, s'était uni au pouvoir politique des maîtres de Rome. Par une autre réminiscence du passé, il devait arriver qu'un jour la foule obéît à celui que les légions auraient acclamé. Du reste, le militarisme ne date pas de l'aurore du Consulat ; il apparaît dans nos guerres civiles, de 1561 à 1626 et de 1648 à 1653 ; au 14 juillet 1789, l'attitude passive des gardes françaises assura, pour cinq ans, la pression des perturbateurs sur la représentation nationale ; au 19 brumaire an VIII, le rôle actif des grenadiers assit, pour quinze ans, la prépondérance d'un seul homme sur le fonctionnement des pouvoirs publics.

Louis XIV avait conservé le titre qu'il tenait de ses ancêtres, mais en exerçant, d'un manière ostensible, tous les attributs césariens ; la pompe, les hommages et les louanges, dont il s'entoura, équivalaient à l'apothéose païenne ; Napoléon, au contraire, prit, avec raison, la qualité d'empereur, en faisant revivre toutes les prérogatives des rois de France ; s'il ne put, eu égard à son origine, se faire regarder comme un monarque de droit divin, il s'efforça, du moins, d'avoir les dehors d'un homme providentiel et voulut, d'ailleurs, par son sacre, devenir « l'oint du Seigneur ».

De telle sorte que l'avènement du premier Empire marque le terme de l'évolution commencée, depuis trois cents ans, pour concilier le paganisme pratique avec le christianisme doctrinal.

On chercherait, en vain, dans les lois du nouveau règne, l'esprit du droit public de 1789 ou de 1795.

La « souveraineté directe » du peuple, notamment, consacrée en 1792, 1793 et 1795, ne se rencontre, dans les institutions consulaires et impériales, ni comme but poursuivi, ni comme résultat obtenu.

En effet, de 1799 à 1814, la nation fut consultée, alors qu'elle avait été mise sous le joug ; les plébiscites n'eurent pour objet que d'immobiliser, progressivement, le pouvoir sur la même tête, et, chaque fois, la forme de la réponse demandée était dérisoire, puisqu'elle ne permettait ni le contrôle du nombre ou de l'aptitude des votants, ni le secret et, par suite, l'indépendance du vote.

On connait ce discours d'un général qui, en l'an X, rassembla ses troupes et leur dit : « Camarades, il est question de nommer Bonaparte consul à vie. Les opinions sont libres, entièrement libres ; cependant, je dois vous prévenir que le premier d'entre vous qui ne votera pas pour le Consulat à vie, je le ferai fusiller à la tête de son régiment : Vive la liberté ! » (1).

Dans sa rudesse, ce langage résumait le mot d'ordre reçu, par tous les fonctionnaires chargés de *discipliner* la volonté des citoyens.

La France supporta de tels procédés, parce qu'elle croyait trouver une compensation, dans l'énergie et l'activité de l'homme qui les employait. Mais, on ne saurait tirer argument de cette résignation, pour légitimer les faits accomplis et se prévaloir d'opérations électorales viciées par un manque de validité et de sincérité.

(1) Stanislas Girardin, *op. cit.*, t. Ier, p. 272.

Orléans. Imp. Paul Pigelet